The dolomites observed and returned to their deepest essence, with their silence and their strength. These solitary places where man is little in the presence of majesty, where one becomes vulnerable even with a simple storm, where one can reach the highest point and touch the divinity.

It does not matter how each of us can choose to get to the top, the book tells with images of a relationship without anxiety to necessarily have to conquer something, because the mountain is already in itself a cure and the amazement you always feel in front of these stupendous monuments of stone, they make understand the importance of the path.

With the patience of long stalking the artist has managed to give us the right light, this undisputed protagonist, that shines through and accompanies us in these pages, reinforcing every single detail.

Manuel Malò

Le dolomiti osservate e restituite nella loro più profonda essenza, con il loro silenzio e la loro forza. Questi luoghi solitari dove l'uomo è poca cosa innanzi alla maestosità, dove si diventa vulnerabili anche con un semplice temporale, dove si può arrivare al punto più alto e sfiorare la divinità.

Non ha importanza in che modo ciascuno di noi possa scegliere di arrivare alla cima, il libro racconta con le immagini di un rapporto senza ansie di dover necessariamente conquistare qualcosa, perchè la montagna è già di per se una cura e lo stupore che sempre si prova di fronte a questi stupendi monumenti di pietra, fanno capire l'importanza del cammino.

Con la pazienza di lunghi appostamenti l'artista è riuscito a regalarci la giusta luce, questa protagonista incontrastata, che traspare e ci accompagna in queste pagine, rafforzando ogni singolo dettaglio.

Manuel Malò

Tudaio

Drei Zinnen

Sorapiss

Sciliar

Piana

Pale di San Martino

Marmolada

Latemar

Croda di Ligonto

Croda del Becco

Croda dei Toni

Croda da Campo

Croda Bagnata

Cristallo

Cristallino

Cirspitzen

Cima Bragagnina

Catinaccio

Campanili del Marden

Cadini di Misurina

Aiarnola

Tre Cime di Lavaredo

Sorapiss

Pale di San Martino

Marmolada

Latemar

Croda del Becco

Croda dei Toni

Croda da Campo

Cristallo

Cristallino

Cirspitzen